AF359717

CATALOGUE

DE

TABLEAUX ANCIENS

PARMI LESQUELS ON REMARQUE

UNE MAGNIFIQUE COMPOSITION

DE

FRAGONARD

Plusieurs beaux Portraits de l'École française

UN TABLEAU CAPITAL

DE

JAN STEEN

TRÈS-BELLES MINIATURES

PAR

Augustin, Charlier. Lavreince et autres

DONT LA VENTE AURA LIEU

HOTEL DROUOT, SALLE N° 3

Le Lundi 23 Novembre 1868

A DEUX HEURES PRÉCISES

Par le ministère de M⁰ **Philippe LECHAT,** Commissaire-Priseur,
rue Saint-Lazare, 64 ;
Assisté de M. **FÉRAL,** Expert, rue de Buffault, 23.
Chez lesquels se distribue le présent Catalogue.

EXPOSITIONS

PARTICULIÈRE : le Samedi 21 Novembre 1868
PUBLIQUE : le Dimanche 22 Novembre 1868

DE UNE HEURE A CINQ HEURES

PARIS — 1868

CONDITIONS DE LA VENTE

———

Elle sera faite au comptant.

Les Acquéreurs paieront CINQ POUR CENT en sus du prix d'adjudication.

Cette Collection renferme des œuvres de premier ordre, d'une authenticité incontestable et d'une conservation parfaite.

Elle appartient, pour la majeure partie, à un Amateur distingué, homme de goût, qui, malheureusement, ne nous a pas autorisé à publier son nom.

On remarquera dans les Tableaux français une allégorie de **Fragonard**, qui doit être classée au rang de ses œuvres les plus importantes, et plusieurs beaux portraits du xviii⁰ siècle. Dans l'École hollandaise, un **Jan Steen** capital, et d'une exécution très-magistrale.

Nous avons joint aux Tableaux une série de très-belles Miniatures, parmi lesquelles il faut signaler celles de **Charlier**, de **Lavreince** et d'**Augustin**, comme leurs chefs-d'œuvre.

TABLEAUX

DÉSIGNATION

BÉGA (Kornelis)

1 — Scène d'intérieur

Un homme debout semble plaisanter avec une femme assise près de lui, occupée à filer.

Bois. — H. 27 c. L. 20 c.

BOUDEWINS (Anton-Frans)
ET
BOUT (Peter)

2 — Paysage avec Figures.

Au premier plan, un chemin où des hommes conduisent des mulets; à droite, d'anciennes constructions en ruines, au pied desquelles sont groupés des hommes, des femmes et des enfants; au second plan, à gauche, de riches habitations entourées de murs et bordées par une route animée d'une quantité de petites figures.

Il n'est pas possible de voir de ce maître un tableau où les figures soient plus fines et plus spirituellement touchées.

Bois. — H. 28 c. L. 41c.

BOUDEWINS (Anton-Frans)

ET

BOUT (Peter)

3 — Paysage et Figures.

Au milieu, un château dont l'entrée majestueuse
se trouve sur la droite ; à gauche, une mare avec
des canards ; au premier plan, nombre de figures ;
une dame en riche costume sort du château, suivie
d'un page qui tient un parasol ; un seigneur la
salue ; un peu plus loin, deux chasseurs ; un chien
poursuivant des canards, etc.

Ravissant tableau.

Bois. — H. 28 c. L. 41 c.

BOUDEWINS (Anton-Frans)

ET

BOUT (Peter)

4 — Kermesse.

A droite, des saltimbanques, montés sur une es-
trade, font la parade ; sur le devant sont attroupés
des villageois ; à gauche, des marchands vendent
des bestiaux ; au second plan, une auberge devant
laquelle est une charrette ; un peu plus loin une
église.

Tableau important de l'artiste.

Bois. — H. 46 c. L. 60 c.

BREUGHEL (Le Vieux)

5 — Halte de Chasseurs.

Deux personnages et trois lévriers au milieu
d'un paysage.

Bois. — Forme ronde, diamètre, 28 c.

CABEL (A. Van Der)

6-7 — Bergers et Troupeaux.

(Deux pendants)

Dans l'un et l'autre de ces tableaux, une femme
sur un cheval conduit des bestiaux dans la cam-
pagne.

Dans le lointain des bergers chassent devant eux
des troupeaux.

Toile forme ronde. — Diamètre. 23 c.

CALLET (A.-F.)

8 — Bacchanale.

Un faune verse du vin dans une coupe que tient
une bacchante ; à droite, trois enfants ; dans le fond,
un petit Bacchus porté en triomphe.

Ravissant petit tableau.

Ovale. Bois. — H. 20 c. L. 25 c.

CALLET (A-F.)

9 — Offrande à l'Amour.

(Pendant du précédent.)

Deux jeunes femmes devant la statue de l'Amour; l'une va lui poser une couronne sur la tête; l'autre apporte une corbeille de fleurs dans laquelle sont deux colombes. Au premier plan, un bassin en bronze où brûlent des parfums. Dans le fond, des femmes dansant.

Ovale, Bois. — H. 20 c. L. 25 c.

CLOUET (École des)

10 — Portrait de Charles IX.

La tête de trois quarts, tournée à droite. Toque en velours noir, avec boutons, broderies d'or et plumes blanches; fraise autour du cou; justaucorps noir, montant, avec filets d'or; petit manteau.

Joli petit portrait de l'époque.

Bois. — H. 29 c. L. 22 c.

CLOUET (École des)

11 — Portrait d'Élisabeth d'Autriche, femme de Charles IX.

(Pendant du précédent.)

La tête de trois quarts, tournée à gauche; cheveux blonds, relevés et roulés; pour coiffure un réseau

en fil d'or, garni de perles; large vêtement en velours noir sur une robe en satin blanc, avec crevés,
boutons et petites chaînes d'or; un riche bijou avec
brillants et perles pend sur la poitrine.

Bois. — H. 29 c. L. 22 c.

CUYP (Benjamin)

PARENT D'ALBERT CUYP ET ÉLÈVE DE REMBRANDT

12 — La Naissance.

Joseph et Marie, tenant sur ses genoux le nouveau-
né, sont assis sur la paille, dans l'étable. En arrière,
à droite, un bœuf.

Peinture très-rembranesque, dans une gamme
dorée, presque monochrome.

Bois. — H. 30 c. L. 37 c.

DICK (École de Anton Van)

13 — Portrait de jeune homme.

Grandeur naturelle. Tête nue, tournée de trois
quarts à gauche; cheveux blonds et barbe légère;
vêtement noir et manteau retenu par la main
droite.

Toile. — H. 64 c. L. 51 c.

DURER (d'après ALBERT)

14 — Madone et l'Enfant.

La Vierge assise dans un paysage, tient sur ses genoux l'Enfant Jésus qui joue avec un oiseau. Un singe est à ses pieds.

Cuivre. — H. 21 c. L. 15 c. 1/2.

ELLIGER (OTTOMAR)

15 — Hommage à Cérès.

Dans un joli paysage, des femmes richement vêtues, suivies de leurs esclaves, vont rendre hommage à Cérès, dont la statue s'élève au milieu du feuillage.

Les unes brûlent des parfums, les autres répandent des présents au pied de l'autel;

Debout, au pied de la statue, l'une d'elles chante les louanges de la déesse, une autre se prosterne à ses pieds;

Deux petits Amours volent au-dessus. — Forme cintrée dans le haut.

Ce tableau, d'un artiste peu connu mais d'un talent remarquable, rappelle les œuvres de Tiepolo.

Toile. — H. 95 c. L. 1 m. 10 c.

FERG (Franz de Paule)

16 — Paysage et Figures.

Plusieurs marchands conduisant des mulets char-
gés d'étoffes; à gauche, une fontaine surmontée
d'un vase, à laquelle un muletier et deux femmes
prennent de l'eau; au premier plan, un homme et
un enfant.

Joli tableau de ce maître; provient de la collection du baron Pasqualati de Vienne.

Signé P. Ferg F.

Cuivre. — H. 26 c. L. 20 c.

FERG (Franz de Paule)

17 — Paysage, Marine.

Au milieu, des hommes sont occupés à faire des
ballots qu'ils transportent sur un bateau à voile; à
droite, l'arche d'un pont en ruine, sous laquelle
passent deux cavaliers; au second plan, la mer; sur
les bords, de hautes montagnes.

Bois. — H. 19 c. L. 28 c.

FERG (Franz de Paule)

18 — Le passage du Bac.

A gauche, une rivière; au premier plan, un bac
avec des passagers; à droite, sur le rivage, une
foule de personnages; dans le fond, un château avec
tourelles.

Toile. — H. 25 c. L. 34 c.

FRAGONARD (Jean-Honoré)

19 — Allégorie.

L'atelier d'un sculpteur; à gauche, l'artiste assis dans la pénombre; près de lui, une jeune femme, sans doute Vénus; elle est debout et pose la main sur le bras de l'artiste qui tient le ciseau; elle est suivie d'une foule de petits Amours. Au centre, sur un solide escabeau de bois, se dresse un magnifique groupe en marbre, éclairé par un vif rayon de soleil; il représente des Génies enlevant à la Terre une jeune femme dont le médaillon montre le profil; sur l'ordre de la déesse, plusieurs Amours brisent les ailes des Génies, et les rendent ainsi impuissants à l'emporter; au bas de ce groupe sont une palette, des pinceaux et des instruments de musique, attributs exprimant que le médaillon représente les traits d'une artiste.

Magnifique tableau, sur sa toile vierge, de la plus parfaite conservation.

Toile. — H. 75 c. L. 60 c.

FRANCK (Le Vieux)

20 — Épisode tiré de l'histoire d'Esther.

Autour d'une table richement servie, sont assis plusieurs personnages; au milieu, Assuérus sur un trône; au second plan, à gauche, Esther vient accuser Aman; dans le fond, a lieu une exécution.

Cuivre. — H. 28 c. L. 36 c.

GOIEN (Jan Van)

21 — Paysage.

Groupe de maisons bâties sur les bords d'une mare ; à droite, sur un chemin, trois villageois ; au second plan, des arbres au-dessus desquels on aperçoit les toits de quelques maisons, et les tours de plusieurs églises.

Délicieux petit tableau d'une couleur dorée ; peint dans le sentiment de Rembrandt ; d'une parfaite conservation et pouvant être placé auprès des plus fines productions de Ruysdael.

Signé du monogramme VG et daté 1650.

Bois. — H. 36 c. L. 33 c.

GOIEN (Jan Van)

22 — Paysage accidenté.

Le premier plan, dans la demi-teinte ; à droite, causent trois villageois ; au second plan, des terrains ondulés et vivement éclairés par le soleil ; au milieu. un groupe d'arbres et quelques cabanes.

Joli petit tableau signé VG, 1631.

Bois. — H. 28 c. L. 46 c.

GOIEN (Jan Van)

23 — Marine. Effet de nuit.

Le soleil disparaît à l'horizon ; la mer agitée est sillonnée par des canots et des bateaux à voiles ; à

droite, sur les bords, une église ; dans le fond,
quelques maisons avec arbres.

Tableau des plus intéressants qui montre le
talent facile et varié de ce maître.

Signé du monogramme VG.

Bois. — H. 36 c. L. 51 c.

GOIEN (Jan Van)

24 — Une Rivière.

Sur les bords de l'eau, deux hommes et un chien ;
à droite, des pêcheurs attachant leur canot ; à
gauche, un bac chargé de bestiaux traverse la
rivière ; dans le fond, une ville hollandaise avec
plusieurs églises.

Signé du monogramme VG, 1643.

Bois rond. — Diamètre, 67 c.

GRYEFF (Adrien le Jeune)

25-26 — Natures mortes.

(Deux pendants)

Dans le premier, sur une table couverte d'un
tapis d'Orient, des perdrix et autres oiseaux ; sur un
plat d'argent, des pêches, raisins et grenades.

Dans le second, des fruits et des oiseaux égale-
ment sur une table ; une perdrix est suspendue par
la patte.

Au bas de ces deux tableaux très-finement peints,
on voit des bas-reliefs.

Bois. — H. 24 c. L. 19 c.

HALS (Frans)

27 — Un Mulâtre.

En buste, de grandeur naturelle. La bouche
ouverte, il regarde en souriant ; les cheveux et la
barbe en désordre ; une toque rouge, galonnée d'or,
est posée sur son oreille ; habit de même couleur,
avec larges galons d'or et gros boutons sur la poitrine.

Superbe peinture, admirable de couleur, et d'une
exécution magistrale.

Bois. — H. 60 c. L. 48 c.

HEM (David de)

28 — Natures mortes.

Sur une table, des raisins dans une corbeille à
pied ciselé ; dans un plat, un homard ; à côté, deux
coupes et un bol du Japon.

Bois. — H. 65 c. L. 94 c.

HEMSKERCK (Egbert Van)

29 — Le Déjeuné gras un jour maigre.

Dans l'intérieur d'une chambre, de bons villageois, assis autour d'une table. sur laquelle est un
jambon dans un plat d'étain, déjeunent tranquille-

ment et ne pensent certainement pas au curé qui arrive ; aux mouvements que font ces bonnes gens on devine leur confusion et leur désespoir; le curé lève les yeux vers le ciel et paraît outré de leur conduite; une casserole, une assiette et une cuiller à pot posées à terre montrent qu'il y avait encore autre chose que du jambon !

Tableau d'un ton chaud rappelant les œuvres de Brauwer.

Bois. — H. 28 c. L. 35 c.

HOET (Gérard)

30 — Un Bal.

Dans un salon sont réunis des personnages richement costumés; des dames assises; près d'elles, des gentilshommes debout; sur la droite, un cavalier et une dame s'avancent en dansant.'

Toile. — H. 39 c. L. 58 c.

HONDEKOETER (Gilbrecht de)

31 — Le Poulailler.

Au milieu, deux coqs d'Inde prêts à se battre; à droite, deux oies blanches et quelques poules ; sur la gauche, plusieurs autres oiseaux de basse-cour, un coq et une poule sur un perchoir.

Toile. — H. 1 m. 05 c. L. 1 m. 70 c.

HOREMANS (Jan)

32 — Scène d'intérieur.

Dans l'intérieur d'une chambre sont réunis différents personnages ; sur la gauche, un homme danse
avec une femme ; dans le fond, une grande che-
minée devant laquelle sont groupées quelques
figures ; à droite, un lit où est couchée une jeune
femme qu'un homme salue.

Joli petit tableau de la plus fine qualité de l'artiste.

Toile. — H. 17 c. 1/2. L. 24 c.

KESSEL (Van)

33 — Poissons.

Sur le sable, au bord de la mer, des poissons
de diverses sortes : soles, anguilles, saumons, etc.

Deux petites embarcations déploient leurs voiles
dans le fond du tableau.

Cuivre. — H. 18 c. L. 23 c.

KONING (Philips)

34 — Paysage.

Sur le premier plan, un chemin avec pont de
bois et personnages ; au milieu des arbres, cha-
lets et habitations sur le bord d'un lac.

Très-beau paysage peint dans la manière de Rembrandt.

Toile. — H. 91 c. L. 1 m. 40 c.

2

MAAS (Dyrk)

35 — Bataille.

A droite, un engagement de cavalerie; au premier plan, des cavaliers vont prendre part au combat; plusieurs hommes et des chevaux morts ou blessés sont étendus sur le sol; dans le fond se livre la bataille, qui occupe une vaste étendue de pays.

Joli tableau du maître, d'une parfaite conservation.

Toile. — H. 53 c. L. 63 c.

MARTIN (Jean-Baptiste)

36 — Les préparatifs d'un Siége.

Sur la gauche, des chevaux, des voitures; plusieurs hommes inspectant des bagages; à droite, des soldats assis jouent aux cartes; au second plan, des tentes, avec soldats et cavaliers autour; dans le fond, la ville, et, sur la droite, des collines, au sommet desquelles on aperçoit des constructions fortifiées.

Tableau remarquable de l'artiste.

Toile. — H. 70 c. L. 112 c.

MICHEL

37 — Paysage.

Sur la gauche, un château en ruines; collines dans le fond.

H. 50 c. L. 69 c.

MICHEL

38 — Paysage.

Sur la gauche, ville fortifiée bâtie sur une hauteur.

A droite, des arbres et des chaumières.

H. 48 c. L. 64 c.

MICHEL

39 — Paysage.

Buttes de Montmartre, moulins sur la hauteur.
Sur le premier plan, des paysans et des bestiaux.
. Fond orageux.

H. 49 c. L. 68 c.

Ces trois Études de Michel sont pleines de vigueur et d'énergie.

MIGNARD (Pierre)

40 — Portrait de l'Artiste, jeune, par lui-même.

En buste. La figure de trois quarts, tournée à gauche; tête nue avec grande perruque; cravate blanche; ample vêtement jaune, à riches ornements; la main droite sur la poitrine.

Très-beau portrait, d'une extrême finesse.

Toile. — H. 61 c. L. 49 c.

MOLYN (Pieter)

41 — Paysage.

Plusieurs maisons rustiques, l'une couverte de chaume; sur le devant, deux villageois; à droite, une barrière en planches et un arbre dépouillé de ses feuilles au haut duquel est un pigeonnier.

Bois. — H. 42 c. L. 59 c.

Monogramme A. M.

42-43 — Fleurs.

(Deux pendants.)

Roses, lis, marguerites, coquelicots dans un verre, etc.

Toile. — H. 21 c. L. 15 c.

MOUCHERON (Isaac)
et
LINGELBACH (Johannes)

44 — Entrée d'un Parc.

A droite, à l'extrémité d'un parc. un escalier, ombragé par de grands arbres et terminé par des piédestaux supportant une statue et des vases.

Au premier plan et sur le bord d'un chemin, un paysan se repose, un bâton à la main. Devant lui, un homme conduit un mulet portant un bât. Dans le fond, des collines. Effet de soleil couchant.

Toile. — H. 60 c. L. 48 c.

OMMEGANCK (Balthazar Paul)

45 — Moutons dans un Parc.

Au premier plan, deux moutons couchés sur
l'herbe; à droite, un bélier au bord d'une mare;
dans le fond, un chasseur suivi de ses chiens.

Bois. — H. 27 c. L. 21 c.

OMMEGANCK (Balthazar Paul)

46 — Paysage et Animaux.

Au premier plan, deux moutons vivement
éclairés par le soleil couchant; à gauche, une
chèvre. Au second plan, un berger et des moutons
au bord d'une rivière; dans le fond, des collines.

Bois. — H. 26 c. L. 23 c.

PARET (L.)

47 — Un Bouquet de fleurs.

Toile ovale. — H. 37 c. L. 31 c.

PIAZZETTA (J.-B.)

48 — Allégorie : La Paix et la Guerre.

Minerve va tirer le glaive; une jeune femme
présente une fleur.

Riche composition, avec sept figures de grandeur naturelle.

Toile. — H. 00 c. L. 00 c.

ROBERT (Hubert)

49-50 — Un Temple et un grand Escalier.

(Deux pendants.)

Dans le premier, un temple à colonnes devant lequel se consomme un sacrifice; autour, un grand nombre de figures.

Dans le second, un grand escalier montant entre deux terrasses, bordées de niches avec statues; des figures sont posées aux différents plans.

Bois rond. — Diamètre, 14 c.

ROBERT (Hubert)

51 — Intérieur rustique.

Dans une chambre voûtée, une mère de famille et ses enfants; à gauche, une porte ouverte laisse entrer une vive lumière; près de la porte, un dressoir où sont des ustensiles de cuisine; dans le fond, un lit avec grands rideaux rouges, à droite une échelle et un grand cuvier sur lequel est posé un drap.

Joli petit tableau du maître.

Toile. — H. 24 c. L. 32

ROSLIN (Suédois)

52 — Portrait de l'Artiste, par lui-même.

Vu en buste, la tête tournée vers l'épaule gauche, et regardant le spectateur ; cheveux poudrés et bouclés, avec queue attachée par un large ruban noir tombant dans le dos ; habit en soie violette ; jabot de dentelles.

Très-beau portrait de l'artiste à l'âge de 31 ans.

Signé Roslin, Suédois. Paris, 1766.

Toile. — H. 57 c. L. 45 c.

SANTERRE (Jean-Baptiste)

53 — Jeune Fille cachetant une lettre.

De grandeur naturelle, la figure de trois quarts, les cheveux relevés ; toque en velours avec plumes rouges ; robe verdâtre, ouverte sur la poitrine. Le bras gauche appuyé sur une table, elle pose le cachet avec la main droite ; à gauche un encrier et une bougie allumée ; à droite, un portefeuille et une lettre ouverte où se trouve la signature Santerre, 30 juin 1704.

Toile. — H. 91 c. L. 72 c.

SCHEFFER (A.)

54 — Paysage et Animaux.

Sur la gauche, des rochers. Au premier plan, une bergère assise et occupée à filer garde des vaches, des chèvres et des moutons.

Fond avec collines.

Toile. — H. 36 c. L. 46 c.

SPAENDONCK (Camille Van)

55 — Des Fleurs dans un vase.

Signé.

Toile. — H. 00 c. L. 00 c.

STEEN (Jan)

56 — Agar renvoyée par Abraham.

Abraham est debout devant la porte de sa maison; il porte un vêtement noir, en partie couvert par une grande robe en soie violette doublée de fourrure; il indique son chemin à Agar qui verse des pleurs; elle occupe le milieu du tableau; vêtue d'un corsage avec grandes manches jaunes et jupon bleu retenu à sa ceinture par une courroie en cuir; à son bras droit est suspendue une gourde; son fils Ismaël est accroupi à ses pieds, un arc à la main et un carquois garni de flèches sur l'épaule. Sur la gauche, deux chiens; un peu plus loin, un berger, une vache et quelques moutons. Au-dessus d'un mur qui occupe le fond du tableau, on aperçoit des arbres et des collines éclairées par le soleil couchant.

Magnifique tableau de la plus belle époque du maître et d'une parfaite conservation.

Toile. — H. 135 c. L. 110 c.

TENIERS (LE JEUNE DAVID)

57 — Les Amours monnayeurs.

Au milieu un Amour prend des pièces d'or sur
une table ronde couverte d'un tapis vert et en garnit
un portefeuille ; dans le fond une forge devant
laquelle sont deux autres Amours fabricant la
monnaie ; sur le devant à droite un escabeau avec
une bouteille et un linge, au dessous un arc et un
carquois garni de flèches.

Ravissant petit tableau, de la plus belle qualité de
Téniers, et d'une conservation parfaite.

Collection de lord Harberton.

Bois. — H. 32 c. L. 20 c.

TERBURG (Attribué à GERARD)

58 — Portrait de Femme.

Elle est représentée jusqu'aux genoux, la tête
tournée à gauche, cheveux blonds, collier de perles
autour du cou, grande collerette, robe en satin noir
avec le devant en soie rose et broderie d'argent, fond
avec grand rideau vert, à gauche une fenêtre permet
de voir le paysage.

Toile. — H. 46 c. L. 36 c.

TERBURG (Attribué à GERARD)

59 — Portrait d'homme.

(Pendant du précédent.)

Vu jusqu'aux genoux, la tête tournée à droite, cheveux châtains; justaucorps grisâtre avec petits ornements et bandes noires sur les coutures; manteau noir; à gauche un rideau vert qu'il soulève avec sa main; fond de paysage à droite.

Toile. — H. 46 c. L. 36 c.

TOURNIÈRES (ROBERT)

60 — Portrait d'un Maréchal de France avec son Fils.

Debout vu jusqu'aux genoux, portant cuirasse, le bâton du commandement à la main; une écharpe en soie blanche est nouée à sa ceinture; derrière lui flotte une étoffe en velours entourant son bras gauche; à droite son fils portant un drapeau.

Superbe portrait.

Toile. — H. 91 c. L. 72 c.

TRINQUESSE (L.-A.)

61 — Portrait de jeune Femme.

De grandeur naturelle et représentée jusqu'aux genoux. La figure presque de face regarde le specta-

teur ; cheveux poudrés avec plumes et rubans ;
robe rouge à petites raies, décolletée ; bouquet de
fleurs au corsage ; le bras droit pendant ; une par-
tition à la main gauche, elle se dispose à chanter.

Superbe portrait d'une exécution facile, et remarquable de modelé ; on voit dans la peinture de cet
artiste trop peu connu, l'influence de Chardin et de
Fragonard.

Il est dans un magnifique cadre de l'Epoque, en
chêne sculpté.

Signé L.-A. TRINQUESSE, Fecit 1774.

Toile ovale. — H. 1 m. L. 78 c.

VALLAYER-COSTER (Mme)

62 — Fruits et accessoires.

Sur une table sont posés des pêches, du raisin,
une bouteille à demi pleine de vin, un verre à pied,
du fromage et un pain.

Toile. — H. 30 c. L. 38 c.

UTRECHT (Adrian Van)

63 — Nature morte.

Sur une table, des raisins, des cerises, des abricots
et des groseilles dans une corbeille d'osier.

Des fraises dans un bol ; à côté un perdreau, un
bouvreuil, un martin-pêcheur, etc.

Bois. — H. 49 c. L. 76 c.

VESTIER

64 — Portrait de Mademoiselle de l'Espinasse.

Elle est représentée en buste de grandeur naturelle; sur la tête un chapeau noir galonné d'or et
garni de plumes, robe en velours violet à revers en
soie rose, une fleur au côté; la poitrine légèrement
découverte.

Forme ovale. — H. 60 c. L. 48 c.

VIEN

65 — Jeune Fille tressant une couronne de Fleurs.

La figure de trois quarts. cheveux blonds retenus
par un ruban avec quelques fleurs; robe blanche
avec grandes manches laissant nu l'avant-bras; elle
fait une couronne qu'elle tient de la main gauche.
à sa droite est une table de pierre sur laquelle est
posé un vase en bronze contenant des fleurs.

Tableau remarquable par sa grâce et sa pureté.

Toile ovale. — H. 57 c. L. 46 c.

WOUWERMAN (Pieter)

66 — Bataille.

Au milieu se livre un combat acharné; sur la
gauche des cavaliers en fuite; à droite, l'artillerie
lance ses projectiles vers le centre.

La fumée de la poudre forme de gros nuages qui
enveloppent les combattants et cachent une partie
du ciel.

Toile. — H. 39 c. L. 50 c.

67 — Sous ce numéro, les tableaux omis.

MINIATURES

MINIATURES

AUGUSTIN (Jean-Baptiste-Jacques

68 — Madame de Sartigue et son Enfant.

Elle est représentée vue à mi-jambes sur une terrasse; elle tient entre ses bras son enfant, qui laisse tomber la tête sur l'epaule gauche de sa mère; assise sur une chaise dorée recouverte en velours grenat, le visage presque de face; cheveux blonds abondants, serrés par un cercle d'or garni de perles, robe jaune laissant les épaules et les bras nus, ceinture en soie violette à franges d'or, manteau bleu avec ornements brodés sur le bord; l'enfant est vêtu d'une robe blanche; debout sur un coussin de velours, il passe ses bras autour du cou de sa mère qu'il embrasse.

Fond de paysage, à droite les cascades de Tivoli et le temple de la Sibylle.

Magnifique miniature, chef-d'œuvre d'Augustin; il s'est inspiré du portrait où Mme Le Brun s'est représentée avec sa fille.

Signé Augustin, 1792.

Cadre en or ciselé, avec enveloppe et chevalet en argent doré.

Forme ronde. — Diamètre, 0.080 mil.

CHARLIER (Jacques)

69 — Madame de Pompadour.

Debout et nue au milieu d'un joli paysage, elle
s'appuie sur un piédestal en marbre;

De ses mains s'échappent des guirlandes de fleurs;
à ses pieds sont les attributs de l'Amour.

Cadre en bronze doré. — H. 20 c. L. 14 c.

CHARLIER (Jacques)

70 — Vénus, Nymphes et Amours.

Debout près de l'autel où se consomment ses
sacrifices, Vénus, appuyée sur une Nymphe, con-
temple un cœur que l'Amour lui apporte dans une
corbeille de fleurs.

Un petit Amour vole derrière la déesse, une flèche
à la main.

A leurs pieds deux colombes et des fleurs.

Fond de ciel avec légers nuages.

Magnifique miniature; chef-d'œuvre de l'artiste.

Forme ovale. — H. 35 c. L. 28 c.

CHARLIER (Jacques)

71 — Vénus et l'Amour.

Debout, dans un délicieux paysage, la déesse tient
une guirlande de fleurs; à ses pieds, un Amour
armé d'une flèche.

Ces deux belles miniatures, remarquables par
leur fraîcheur et leur conservation, sont dans leurs
cadres de l'époque.

Forme ovale. — H. 35 c. L. 28 c.

CHARLIER (Jacques)

72 — Vénus au bain.

A droite, une fontaine dont l'eau s'échappe par une tête de satyre.

Vénus, appuyée sur l'une de ses suivantes, se dispose à se baigner.

Debout, sur le bassin, un Amour au regard malicieux et la main dans la bouche du satyre, dirige habilement un jet d'eau sur la déesse.

A gauche, deux colombes.

Forme ronde. — Diamètre, 27 c.

CHARLIER (Jacques)

73 — Nymphes.

Dans un charmant paysage, trois nymphes se disposent à goûter les douceurs du sommeil.

L'une d'elles, le corps à demi enveloppé d'écharpes blanche et rose, est nonchalamment étendue au premier plan. La seconde, vue de dos, est nue et couchée près de sa compagne. La troisième, la tête appuyée sur ses mains, semble attendre le sommeil.

Forme ronde. — Diamètre, 27 c.

74 — Nymphes et Amour.

Nue et mollement étendue dans un joli paysage, une nymphe, des fleurs à la main et une couronne devant elle, paraît plongée dans une douce rêverie; derrière elle deux Amours jouent ensemble; sur la gauche on aperçoit l'autel de l'Amour,

Forme ovale. — H. 28 c. L. 33 c.

CHARLIER (Jacques)

75 — Vénus et l'Amour.

Elle est étendue sur des nuages, une légère draperie bleue entoure son bras gauche et flotte derrière elle; à ses côtés deux colombes et un Amour. Cadre en bronze doré.

Forme carré. — H. 0,54 mil. L. 80 mil.

DAEL (Jean-François Van)

76 — Fleurs et Fruits.

Sur une table de marbre, un vase contenant des roses, des hyacinthes, des anémones, des pavots, etc.; au pied, des pêches et du raisin.

Signé : Vandael, an XIII.

Cercle en or ciselé, avec griffes d'argent.

Forme ronde. — Diamètre, 70 mil.

DAEL (Jean-François Van)

77 — Fleurs dans une corbeille posée sur une table de marbre.

Roses, tulipes, hyacinthes, anémones, campanules, etc., dans une corbeille; auprès est un nid d'oiseaux.

Signé : VD.

Cadre en bronze doré avec nœud.

Forme ronde. — Diamètre, 60 mil.

DAEL (Jean-François Van)

78 — Fleurs.

Sur une table de marbre est posé un vase dans lequel sont des roses, des anémones, des roses trémières, des hyacinthes, etc.; au pied du vase, une pivoine et un nid d'oiseau.

Cadre en bronze doré.

Fixé de forme ronde. — Diamètre, 72 mil.

DAEL (Jean-François Van)

79 — Bouquet de Fleurs.

Roses, tulipes, narcisses, oreilles d'ours et anémones attachées par un ruban.

Signé : VD.

Cercle en bronze doré.

Forme ronde. — Diamètre, 50 mil.

FONTENAY (DE)

80 — Portrait de mademoiselle Mars.

Tête de trois quarts tournée à gauche; cheveux retombant en boucles sur les épaules, coiffée d'un turban avec plumes blanches, robe de velours violet, écharpe rougeâtre.

Signé : DE FONTENAY, 1826.

Cadre en bronze doré à filets d'émail.

Forme carrée. — H. 0,03 c. L. 93 mil.

HALL (PIERRE-ADOLPHE)

81 — Vase de Fleurs.

Sur une table de marbre est posé un vase contenant des roses, des roses-trémières, des anémones, des hyacinthes, etc. Près du vase est un nid d'oiseaux.

Cette miniature est montée sur une boîte en écaille noire, doublée d'or.

Forme ronde. — Diamètre, 75 c.

JUDLIN

82 — Portrait de madame de Genlis.

Elle est debout, pinçant de la harpe, tête de trois quarts, tournée à droite, abondante chevelure blonde, poudrée, grand chapeau avec rubans et plumes; fichu en mousseline rayée, robe en soie gorge de pigeon.

Signé : JUDLIN, 1785.

Cadre en bronze doré.

Forme ovale. — H. 123 mil. L. 97 mil

LAVREINCE (Nicolas)

83 — Le Roman dangereux.

Dans un délicieux boudoir du temps de Louis XVI, sur un lit de repos recouvert en soie verte, avec grands rideaux et guirlandes de roses, est couchée une jeune fille qui paraît dormir. Un livre est à terre. Sur la droite, arrive à pas de loup un jeune homme caché par un paravent.

Il est impossible de voir rien de plus gracieux et de plus fin que cette belle gouache, qui a été rendue célèbre par la gravure qu'en a faite Helman en 1781.

H. 29 c. L. 22 c.

LAVREINCE (Nicolas)

84 — L'Heureux moment.

Dans un riche boudoir du temps de Louis XVI, une jeune femme assise tient une lettre qu'elle vient de lire; à ses genoux est un jeune homme; à droite un paravent et un fauteuil sur lequel il a déposé son épée et son chapeau.

Signé : N. LAVREINCE.

Délicieuse gouache, gravée par N. de Launay.

H. 29 c. L. 22 c.

POL (Chrétien Van)

85 — Fleurs.

Sur une table de marbre, un vase en agate
contenant des roses, hyacinthes, anémones, campanules, etc., etc.; au pied du vase est un nid
d'oiseaux.

Cercle d'or et enveloppe d'argent.

Fixé de forme ovale. — H. 63 mil. L. 38 mil.

SPAENDONCK (Corneille Van)

86 — Fleurs dans un vase

Sur une console de marbre, des roses, des narcisses, des hyacinthes, des campanules, etc., etc.,
dans un vase en agate.

Signé C. Van Spaendonck.

Cadre en bronze doré avec nœud.

Forme ronde. — Diamètre, 65 mil.

SPAENDONCK (Corneille Van)

87 — Fleurs dans une corbeille.

Sur une table de marbre est posée une corbeille
contenant des roses, pivoines, anémones, tulipes,
etc. Auprès un nid d'oiseaux et un vase de marbre
sur lequel est perché un chardonneret.

Fixé monté sur une boîte en écaille blonde.

Forme ronde. — Diamètre, 68 mil.

SPAENDONCK (Corneille Van)

88 — Fleurs dans une corbeille.

Sur une console en bois sculpté est posée une corbeille contenant des roses, tulipes, anémones, campanules, etc.

Miniature à l'huile dans un cadre carré en bois de citronnier, avec cercle en bronze doré.

Forme ronde. — Diamètre, 67 mil.

INCONNU

89 — Portrait de jeune Femme.

Elle est représentée à mi-corps, la tête recouverte d'un voile; elle tient une lampe de ses deux mains, draperie rouge à droite.

Forme carrée. — H. 48 mil. L. 37 mil.

INCONNU

90 — Madame de Graffigny.

Elle est représentée à mi-corps, vêtue d'une mante noire; la tête de trois quarts tournée à gauche.

Forme ovale. — H. 40 mil. L. 32 mil.

INCONNU

91 — Le passage du Gué.

Un berger traverse un ruisseau portant une bergère sur ses épaules.

Ils sont suivis d'un chien et de leurs troupeaux.

Cadre en bronze doré. Forme ronde. — Diamètre, 90 mil.

RENOU et MAULDE, imprimeurs de la Compagnie des Commissaires-Priseurs
rue de Rivoli 144.   19010

www.ingramcontent.com/pod-product-compliance
Lightning Source LLC
LaVergne TN
LVHW020001180726
843503LV00008B/3760